Impressum
Verlag: BABADADA GmbH, Nedderfeld 112 , 22529 Hamburg
Geschäftsführer / Verlagsleitung: Harald Hof
Druck: Books on Demand GmbH, In de Tarpen 42, 22848 Norderstedt

Imprint
Publisher: BABADADA GmbH, Nedderfeld 112 , 22529 Hamburg, Germany
Managing Director / Publishing direction: Harald Hof
Print: Books on Demand GmbH, In de Tarpen 42, 22848 Norderstedt, Germany

школа

قوتابخانە

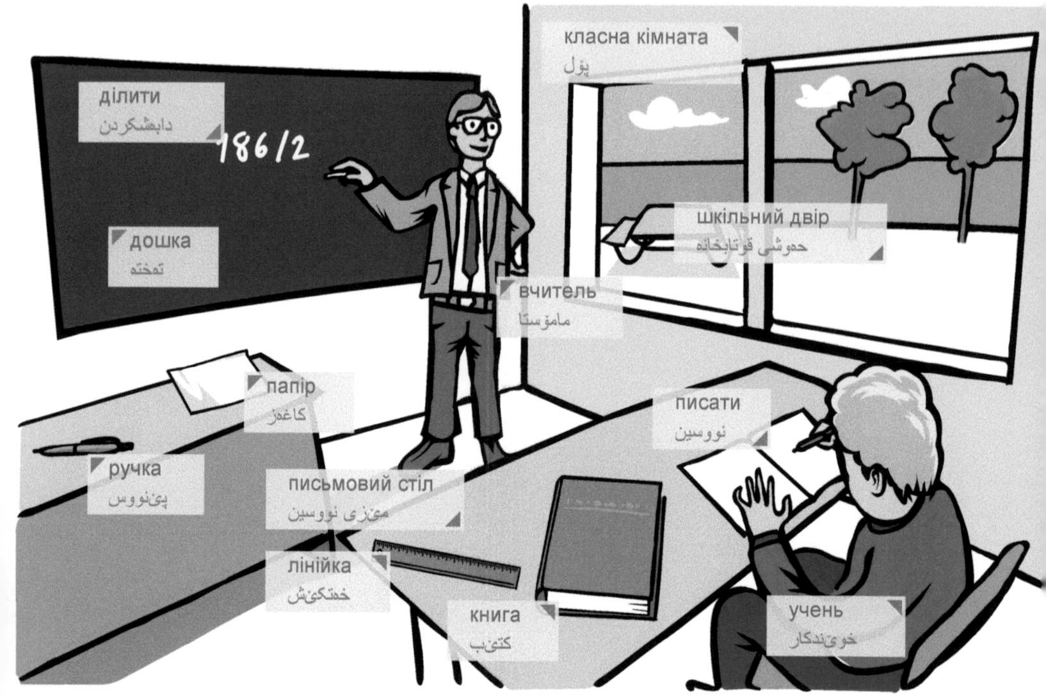

класна кімната
پۆل
ділити
دابەشکردن
186/2
дошка
تەختە
шкільний двір
حەوشی قوتابخانە
вчитель
مامۆستا
папір
کاغەز
писати
نووسین
ручка
پێنووس
письмовий стіл
مێزی نووسین
лінійка
خەتکێش
книга
کتێب
учень
خوێندکار

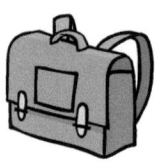

ранець

چەواڵ

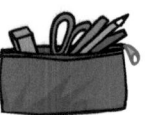

пенал

جانتای پێنووس

олівець

پێنووس

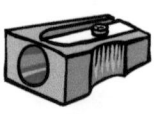

точило

تیژکەرەوەی پێنووس

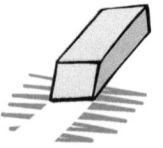

гумка

ڕەشکەرەوە

альбом для малювання

پەدی نیگارکێشان

малюнок

نیگارکێشان

пензель

فڵچمی رەنگ

коробка фарб

قوتووی رەنگ

ножиці

مەقەست

клей

چەسپ، کەتیرە

зошит

کتێبی ڕاهێنان

домашнє завдання

کاری ماڵەوە

число

ژمارە

додавати

زیدەکردن

віднімати

کەمکردن

множити

لێکدان

рахувати

حسابکردن، ژماردن

літера

پیت

абетка

نەلفوبێ

слово

وشە

текст

نووسراوە، دەق

читати

خوێندنەوە

крейда

گەچ

година

خول، دەرس

класний журнал

تۆماركردن

екзамен

ئەزموون، تاقیكردنەوە

диплом

بڕوانامە

шкільна форма

جلی قوتابخانە

освіта

پەروەردە

лексикон

زانیاری نامە

університет

زانكۆ

мікроскоп

میكرۆسكۆپ

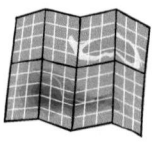

карта

خەریتە، نەخشە

кошик для паперу

سەبەتەی كاغەز

готель
مېھمانخانه، ھۆتېل

Grand

турбаза
مېھمانخانه

обмінний пункт
نووسىيتگەی گۆزرىندوەی دراو

валіза
جانتا، ساك

автомобіль
ئوتومۆبىل

мова

زمان

так / ні

بەلْئ / نەخئير

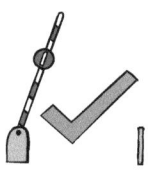

добре

باشە

привіт

سلْاو

перекладач

وەرگئيرەی دەق

дякую

سپاس

Скільки коштує ...?

‏بمچەنده ...؟‏

Я не розумію

‏من تێناگەم‏

проблема

‏كێشه‏

Добрий вечір!

‏ئێواره باش!‏

Доброго ранку!

‏بەیانی باش!‏

На добраніч!

‏شەو باش!‏

До побачення

‏مالئاوا، بەخێرتچی‏

напрямок

‏ناراسته، رێرەو‏

багаж

‏جانتا‏

сумка

‏جانتا‏

рюкзак

‏كۆڵەپشتی‏

гість

‏میوان‏

кімната

‏ژوور، دیو‏

спальний мішок

‏كیسەخەو‏

намет

‏چادر، دەوار‏

туристична інформація

زانیاری بۆ گەشتیار

пляж

کەنار او

кредитна картка

کارتی قەرز

сніданок

نانی بەیانی

обід

نانی نیوەڕۆ

вечеря

نانی شەو

квиток

بلیت

ліфт

ئاسانسۆر

поштова марка

پوول، تەمبر

межа

سنوور

митниця

گومرک

посольство

بالوێزخانه

віза

ڤیزا

паспорт

پاسپۆرت

транспорт

گواستنەوە

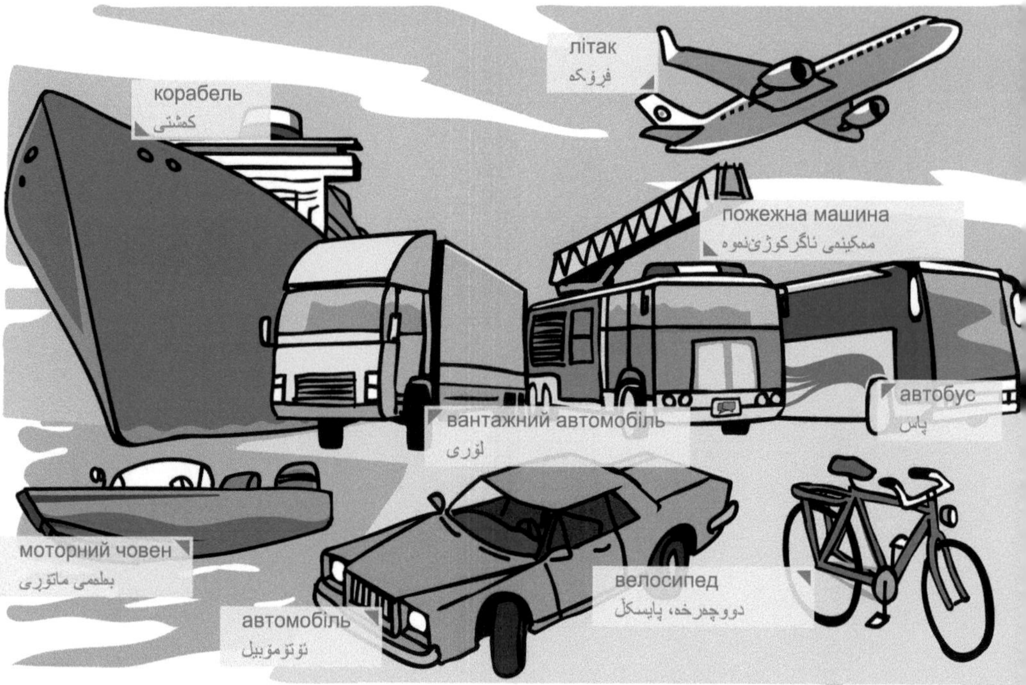

літак
فڕۆکە
корабель
کەشتی
пожежна машина
مەکینەی ئاگرکوژێنەوە
автобус
پاس
вантажний автомобіль
لۆری
моторний човен
بەلەمی ماتۆڕی
велосипед
دووچەرخە، پایسکل
автомобіль
ئۆتۆمۆبیل

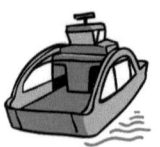

пором

کەشتی گواستنەوە

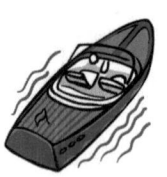

човен

بەلەمی ماتۆڕی

мотоцикл

ماتۆڕ

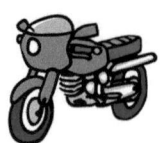

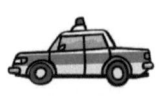

поліцейська машина

ئوتومبێلی پۆلیس

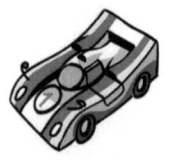

гоночний автомобіль

ئوتومبێلی پێشبڕکێ

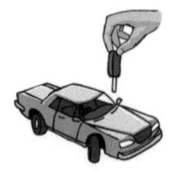

автомобіль на прокат

ئۆتۆمۆبیلی کرێ

спільне користування авто

نۆتۆمۆبیل هاوبهشکردن

евакуатор

لۆری راکێشکردن

сміттєвоз

لۆری زبڵ

двигун

ماتۆر

паливо

سووتهمهنی

автозаправна станція

وێستگهی بهنزین

дорожній знак

تابلۆی هاتووچۆ

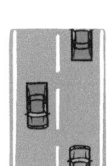

рух

هاتووچۆ

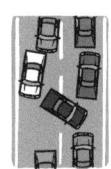

затор

ترافیک

стоянка

شوێنی راگرتنی نۆتۆمۆبیل

вокзал

وێستگهی شهمهندهفهر

рейки

هێڵی ئاسن

потяг

شهمهندهفهر

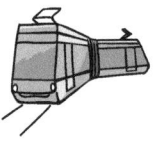

трамвай

قهتاری سهرشهقام

вагон

داشقه

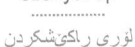

гелікоптер

هدليكۆپتەر

аеропорт

فرۆكمخانه

вежа

بورج

пасажир

نەفەر

контейнер

دەفر، كانتينەر

коробка

كارتۆن

візок

داشقە

кошик

سەوەتە

стартувати / приземлятися

هەڵفڕین / نیشتن

МІСТО

شار

село

گوند، دێهات

центр міста

ناوەندی شار

дім

ماڵ، خانوو

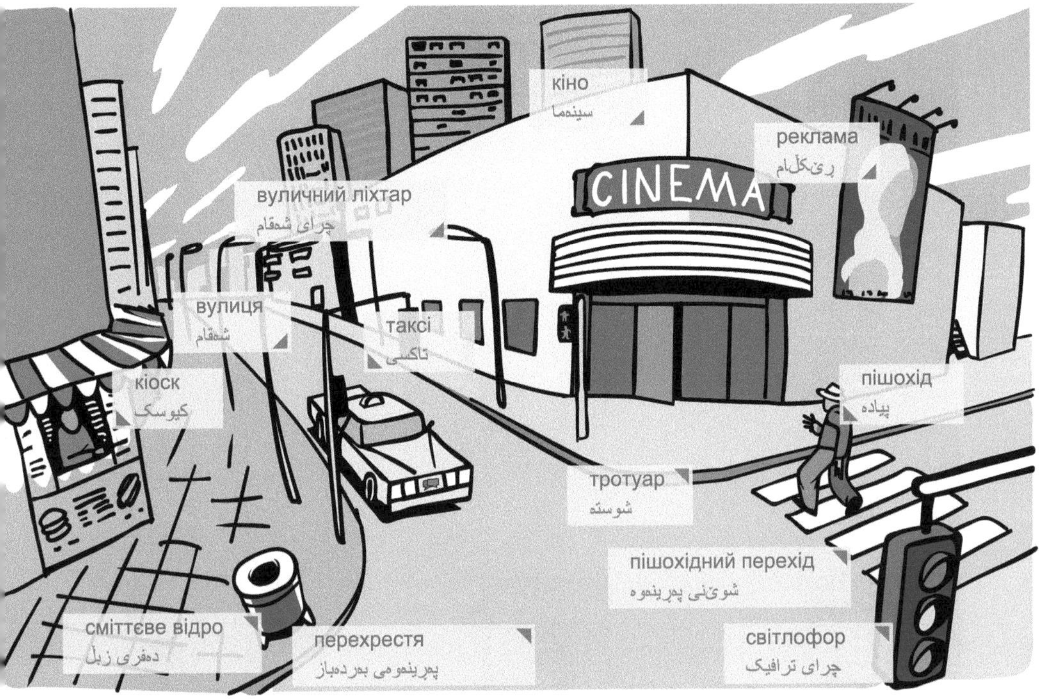

кіно
سینەما

реклама
ڕێکلام

вуличний ліхтар
چرای شەقام

вулиця
شەقام

таксі
تاکسی

пішохід
پیادە

кіоск
کیوسک

тротуар
شوسته

пішохідний перехід
شوێنی پەڕینەوە

сміттєве відро
دەفری زبڵ

перехрестя
چەڕینەومی بەردەباز

світлофор
چرای ترافیک

хатина
....
خانووچکە

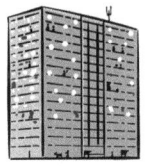

квартира
....
نهۆم، باڵەخانە

вокзал
....
وێستگەی شەمەندەفەر

ратуша
....
کۆشکی شارەوانی

музей
....
مۆزەخانە

школа
....
قوتابخانە

університет

زانکۆ

банк

بانک

лікарня

نەخۆشخانە، خەستەخانە

готель

میوانخانە، هۆتێل

аптека

دەرمانخانە

офіс

نووسینگە، فەرمانگە

книжковий магазин

کتێبفرۆشی

магазин

دووکان

квітковий магазин

گوڵفرۆشی

супермаркет

سوپەرمارکێت

ринок

بازار

універмаг

فرۆشگا

торговець рибою

ماسیفرۆش

торговельний центр

ناوەندی کڕین

гавань

بەندەر

парк

پارک

лава

کورسی درێژ

міст

پرد

сходи

پێ پیلکان

метро

ژێرزەوی

тунель

تۆنێل

автобусна зупинка

وێستگەی پاس

бар

مەیخانە

ресторан

رێستۆرانت

поштова скринька

سندووقی پۆست

вулична табличка

تابڵۆی شەقام

лічильник паркування

پێوەری پارکینگ

зоопарк

باخچەی ئاژەڵان

басейн

حەوزی مەلە

мечеть

مزگەوت

ферма

مزرا

забруднення навколишнього середовища

پیسبوونی ژینگه

кладовище

قبرستان، گۆرستان

церква

کەنیسە

дитячий майданчик

شوێنی یاری

храм

پەرستگا

ландшафт

ديمەن

![landscape illustration with labels]

- **листок** — گەڵا
- **вказівний стовп** — تابلۆی ڕێنیشاندەر
- **шлях** — ڕێگا
- **луг** — مێرگ
- **камінь** — بەرد
- **дерево** — دار
- **мандрівник** — شاخەوان
- **річка** — رووبار، چەم
- **трава** — گژوگیا
- **квітка** — گوڵ

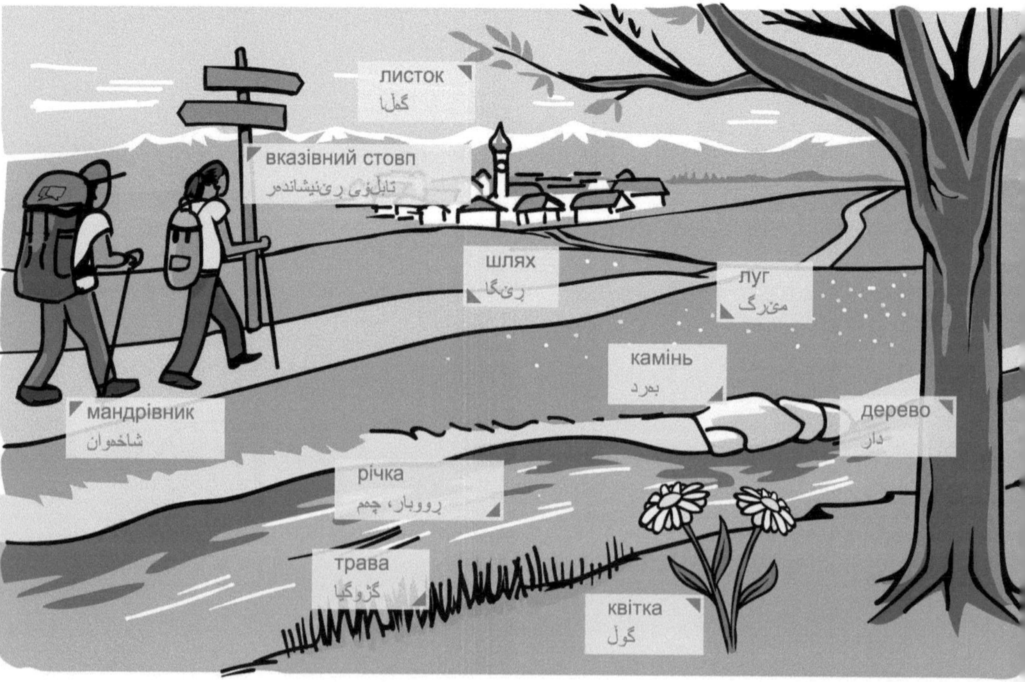

долина

دۆل، شیو

гора

بەرزایی

озеро

دەریاچە

ліс

دارستان

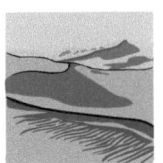

пустеля

چۆڵەوار

вулкан

بورکان

замок

قەڵا

веселка

کۆلکەزێرینە

гриб

کارگ

пальма

دارخورما

комар

مێشوولە

муха

مێشوولە

мурашка

مێروولە

бджола

مێش هەنگوین

павук

جالجالووکە

жук

قاڵۆنچه

жаба

بۆق

вивірка

سمۆره

їжак

ژیشک

заєць

کەروێشکە کێوی

сова

کوند

птах

باڵەنده

лебідь

قازی سپی

кабан

بەرازی کێوی

олень

ئاسک

лось

بزنە کێوی

гребля

بەنداو

вітряк

تۆربینی با

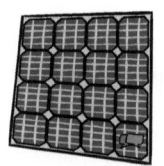

сонячний модуль

پەرەی خۆری

клімат

ناووهەوا

ресторан

ڕێستۆرانت

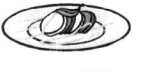

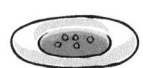

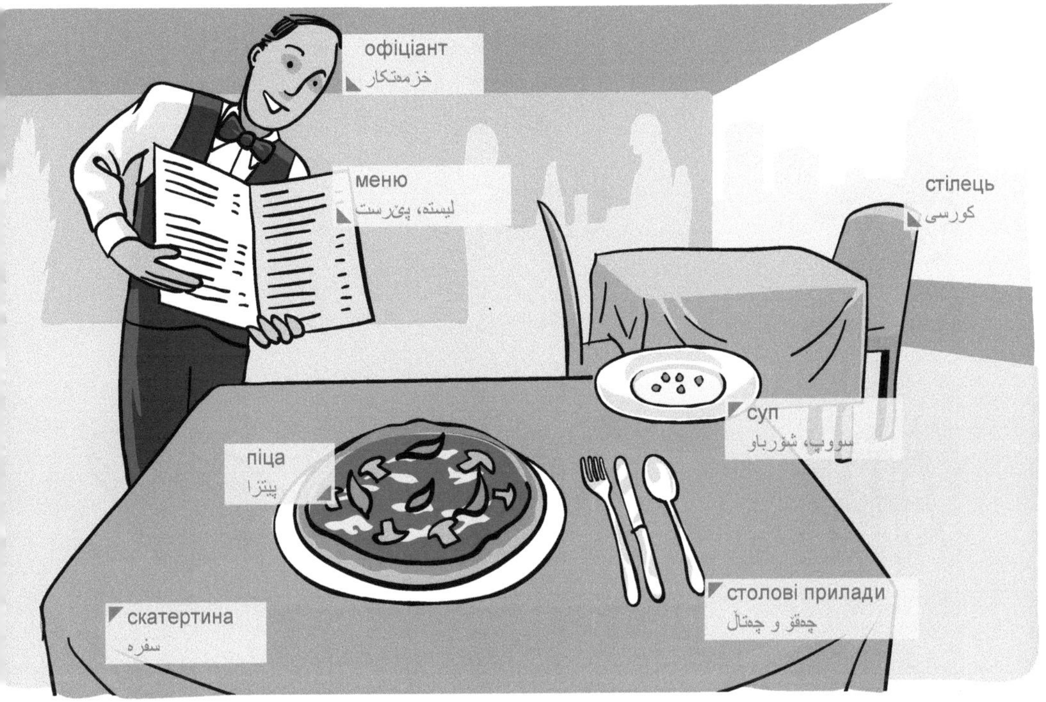

офіціант
خزمەتکار
меню
لیستە، پێرست
стілець
کورسی
суп
سووپ، شۆرباو
піца
پیتزا
столові прилади
چەقۆ و چەتاڵ
скатертина
سفرە

закуска

....

خواردنی دەستپێک

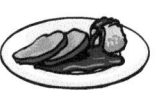

друга страва

....

خواردنی سەرەکی

десерт

....

دێسێر

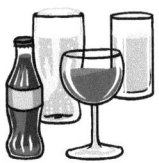

напої

....

خواردنەوە

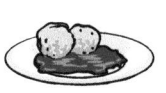

їжа

....

خواردن

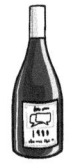

пляшка

....

بوتڵ

фаст-фуд

خواردنی خێرا

вулична їжа

خواردنی سەرشەقام

чайник

قوری

цукорниця

قوتووی شەکر

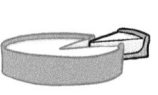

порція

بەش

еспресо-машина

ئامێری سازکردنی قاوەی ئێسپرەسۆ

високий стільчик

کورسی بەرز

рахунок

تێچوو

піднос

کەشدەف

ніж

چەقۆ

вилка

چنگاڵ

ложка

کەوچک

чайна ложка

کەوچکی چا

серветка

دەسماڵ

склянка

لیوان، پەرداخ

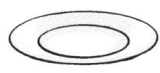

тарілка

قاپ، دووری، دەفر

тарілка для супу

قاپی شۆربا‌و

блюдце

ژێرپیاڵه

соус

سۆس

солонка

خوێدان

млин для перцю

هاردەری بیبار

оцет

سرکه

масло

رۆن

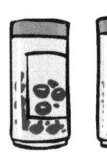

спеції

بەهارات

кетчуп

دۆشاوی تەمات، سۆسی تەماتە

гірчиця

سۆسی موستارد

майонез

سۆسی مایۆنێز

супермаркет

سوپەرمارکێت

пропозиція
داشکاندنی تایبەتی
FOR
клієнт
مشتەری
молочні продукти
شیرەمەنی
фрукти
میوە
візок для покупок
داشقە

BUTCHERS

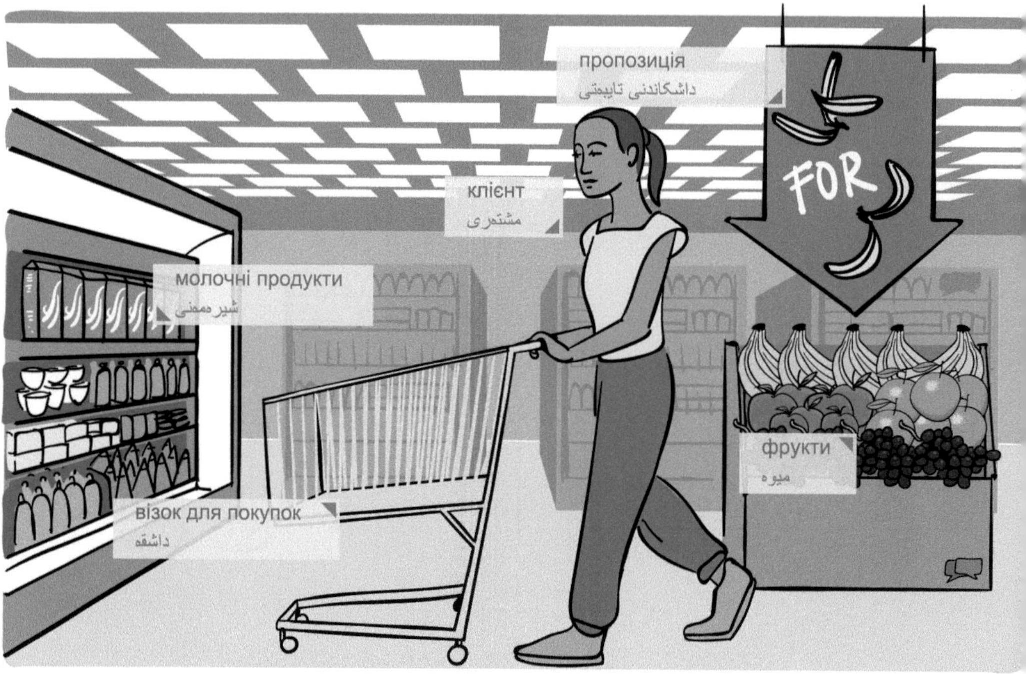

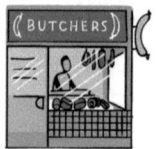

м'ясний магазин

....

دووکانی قەسابی

BAKERY

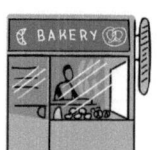

пекарня

....

نانەواخانە

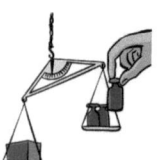

зважувати

....

کێشان

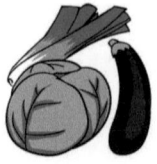

овочі

....

سەوزی

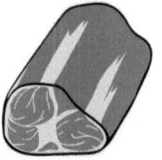

м'ясо

....

گۆشت

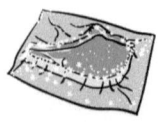

заморожені продукти

....

خواردنی بەستوو

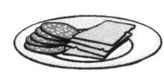

ковбасна нарізка

گۆشتی سارد

консерви

خواردنی کۆنسێرو

пральний порошок

دەرمانی بشۆر

солодощі

شیرینی

предмети домашнього побуту

بەرهەمی خۆمالّی

мийний засіб

بەرهەمی خاوێنکردنەوه

продавщиця

فرۆشیار

каса

ژمێرەر

касир

ژمێریار، خەزمندار

список покупок

لیستی کڕین

часи роботи

کاتی دەوام

гаманець

کیسەباخەلّ، جزدان

кредитна картка

کارتی قەرز

сумка

توورەکە، کیسە

поліетиленовий пакет

توورەکە

вода

ناو

сік

شەربەت

молоко

شیر

кола

خەڵووز

вино

شەراب

пиво

بیرە

алкоголь

ئەلکۆڵ

какао

کاکاو

чай

چایی، چا

кава

قاوه

еспресо

قاوەی ئێسپرسۆ

капучіно

کاپۆچینۆ

банан

مۆز

яблуко

سێو

апельсин

پرتەقاڵ

кавун

كاڵەك

лимон

لیمۆ

морква

گێزەر

часник

سیر

бамбук

حەیزەران

цибуля

پیاز

гриб

كارگ

горішки

سەممونە، گوێز، ناوكە

локшина

نوودڵ

спагеті

ماكارۆنى

рис

برينج

салат

زەلاتە

картопля фрі

چيپس

смажена картопля

پەتاتەى برژاو، پەتاتەى سوورۆكراو

піца

پيتزا

гамбургер

هەمبرگێر

бутерброд

ساندويچ، دۆندرمە

шніцель

پارچە گۆشت

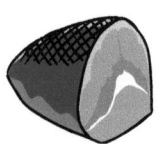

шинка

گۆشتى بەراز

салямі

گۆشتى بەراز

ковбаса

سۆسيس

курка

مريشك

печеня

برژاندن، نرژان

риба

ماسى

вівсяні пластівці

شۆربۆوی ساوار

мюслі

دانەوێڵەی تێکەڵ

кукурудзяні пластівці

دانەی دانەوێڵە

борошно

ئارد

круасан

کرۆسانت، نانێکی فەرەنسی

булочка

نانی خڕ

хліб

نان

тостовий хліб

نانی برژاو

печиво

بسکیت

масло

کەرە، ڕۆنی کەرە

сир

سەرتوێژ، توێژ

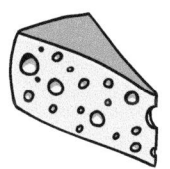

пиріг

کەیک

яйце

هێلکە

яєчня

هێلکەی برژاو

сир

پەنیر

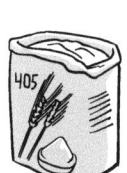

خواردن - **їжа**   25

морозиво

بەستەنى، دۆندرمە

цукор

شەكەر

мед

هەنگوين

мармелад

مرەبا

нуга-крем

خامەى نۆگات

карі

بەهارات

ферма
مەزرا

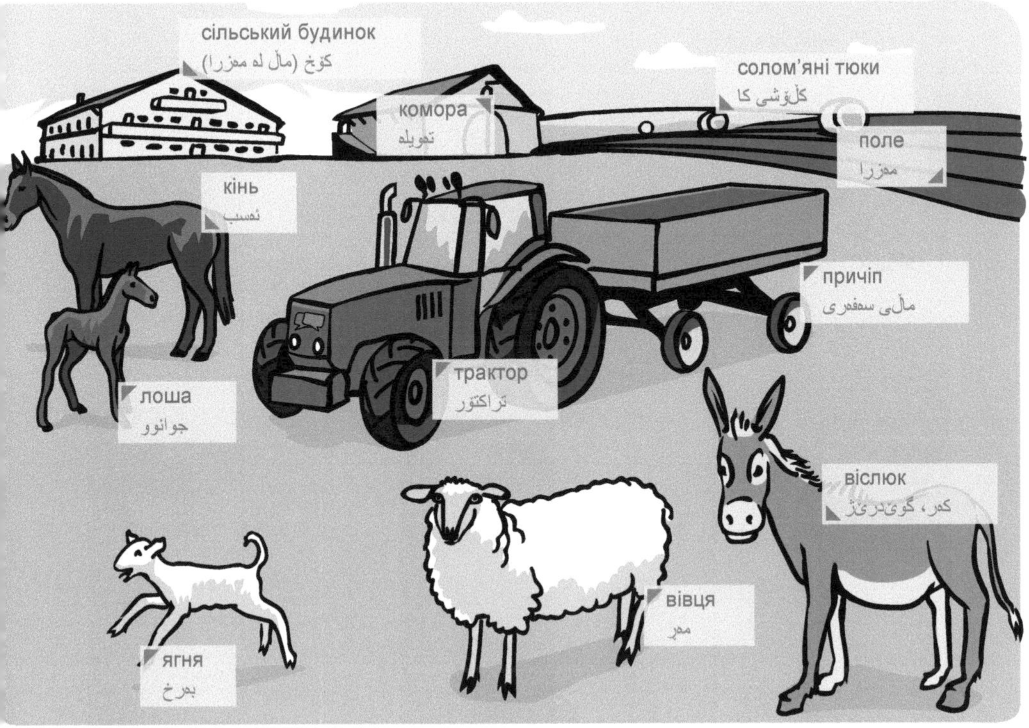

сільський будинок
كۆخ (ماڵ له مەزرا)
комора
تەویلە
солом'яні тюки
كڵۆشی كا
поле
مەزرا
кінь
ئەسپ
причіп
ماڵی سەفەری
трактор
تراكتۆر
лоша
جوانوو
віслюк
كەر، گوێدرێژ
вівця
مەڕ
ягня
بەرخ

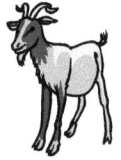

коза

بزن

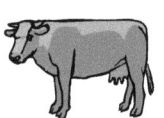

корова

مانگا

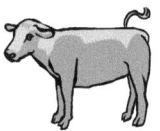

теля

گوێلک

свиня

بەراز

порося

فەرخە بەراز

бик

جوانەگا

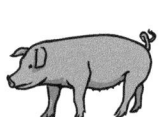

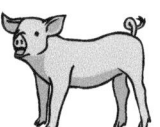

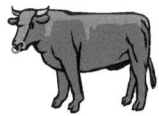

гусак

قاز

качка

مراوى

курча

جووچک

курка

مريشک

півень

كەلەشئېر

щур

جرج

кіт

پۈشىله

миша

مشک

віл

گا

собака

سە، سەگ

собача будка

كونە سە

садовий шланг

سۇندە

лійка

تونگمى ناودان

коса

مالەغان

плуг

گاسن

серп

داس

мотика

مدرہ

вила

شەنە

сокира

تەور

тачка

عارەبانەی دەستیی

корито

دەفری خواردنی ئاژەڵان

бідон молока

دەفری شیر

мішок

تەلیس

паркан

پەرژین

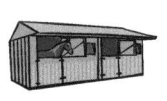

хлів

تەویلە

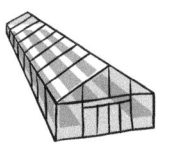

теплиця

گوڵخانە

ґрунт

خۆڵ

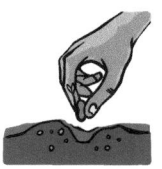

насіння

دەنک، نۆک

добриво

پەیین

комбайн

کۆمباین

пожинати

دروينمکردن

урожай

خهرمان

корінь ямсу

پهتاته

пшениця

گهنم

соя

لووبیا، فاسۆلیا

картопля

پهتاته

кукурудза

گهنمهشامی

ріпак

جۆرێک دهخڵودان

плодове дерево

داری بهری

маніок

سێوبنمهمرزیله

злаки

دانهوێڵهی تێکهڵ

дім
ماڵ، خانوو

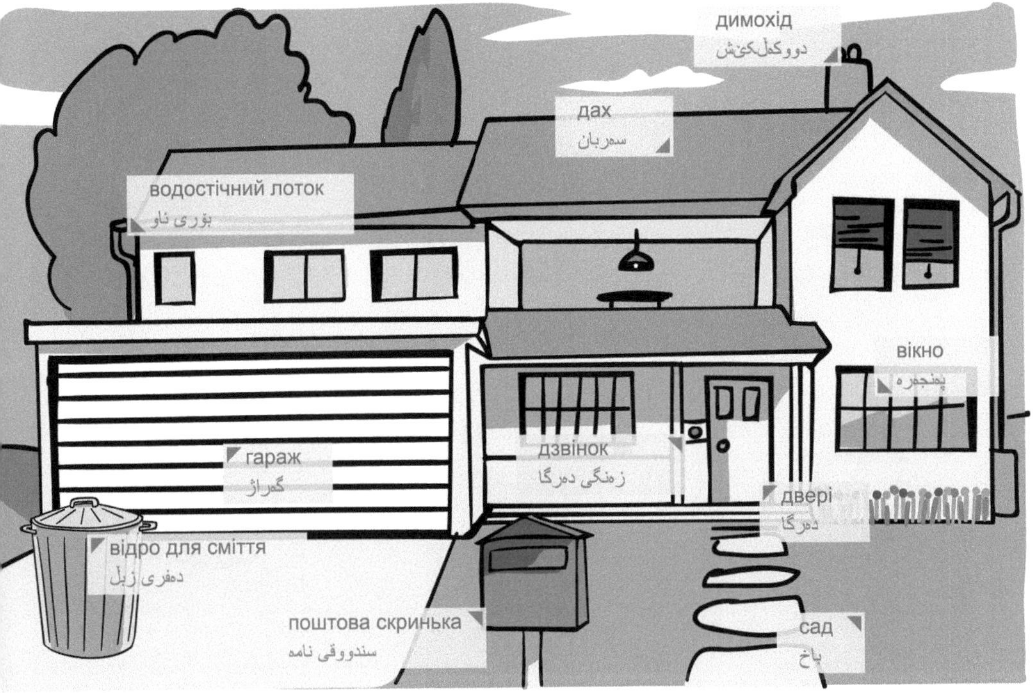

димохід
دووکەڵکێش
дах
سەربان
водостічний лоток
بۆری ناو
вікно
پەنجەرە
гараж
گەراژ
дзвінок
زەنگی دەرگا
двері
دەرگا
відро для сміття
دەفری زبڵ
поштова скринька
سندووقی نامە
сад
باخ

вітальня

ژووری دانیشتن

ванна кімната

حەمام، ناودەستخانە

кухня

چێشتخانە

спальня

ژووی خەو

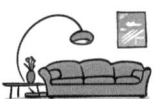

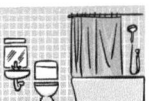

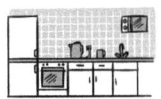

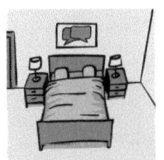

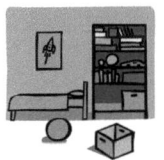

дитяча кімната

ژووری منداڵ

їдальня

ژووری نانخوارن

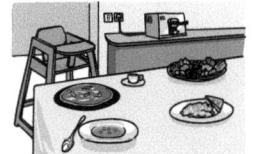

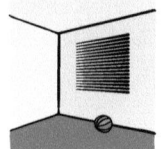

підлога

دالان، نهرز

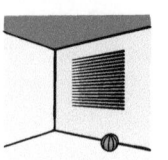

стіна

ديوار

стеля

بن میچ

підвал

ژیرزمین

сауна

ساونا

балкон

بالکۆن، هیوان

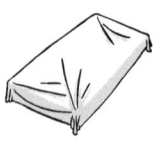

тераса

هیوان

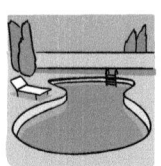

басейн

حهوز، مهلهوانگه

косарка

گژوگیابڕ

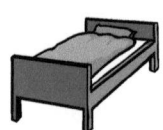

простирало

مهلافه

ковдра

مهلافهی نوێن

ліжко

پێخهف، نوێن

мітла

گسک

відро

سهتڵ

перемикач

سویچ، کلیل

шпалери
كاغەزی دیواری

малюнок
وێنه

лампа
لامپ، چرا، گڵۆپ

поличка
رەف

шафа
كۆمەڵ

телевізор
تەلەفیزیۆن

камін
ناگردان

квітка
گوڵ

подушка
بالیشت، سەرین

диван
سۆفا

ваза
گوڵدان

пульт
كۆنتڕۆڵ لە ڕێگەی دوور

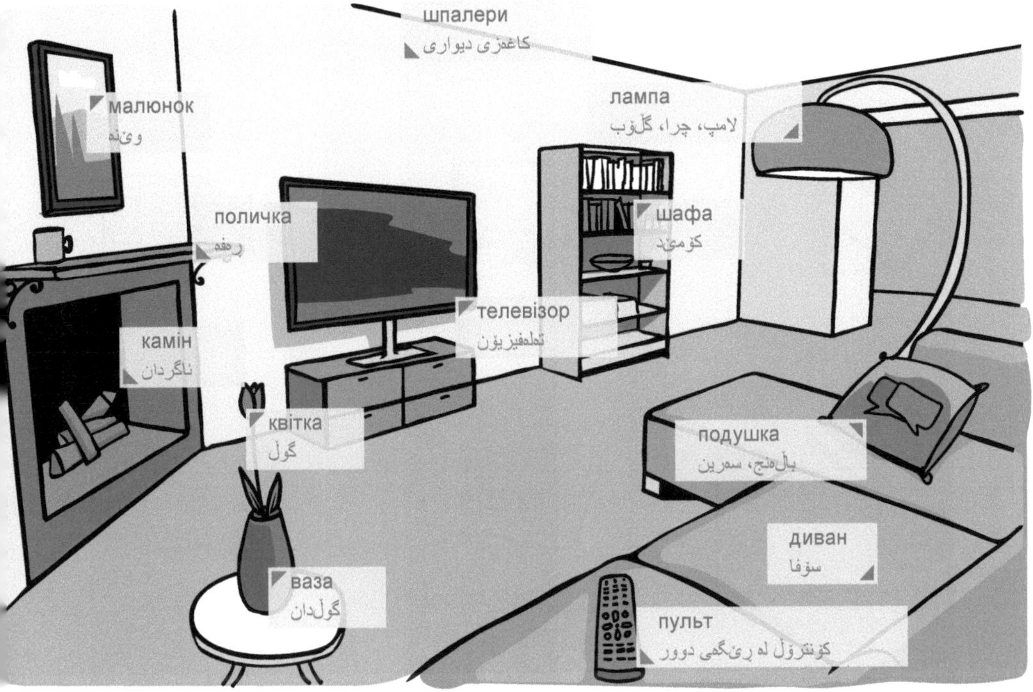

килим
فەرش

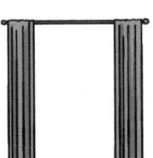

завіса
پەردە

стіл
مێز

стілець
كورسی

крісло-гойдалка
كورسی ڕاژاندن

крісло
كورسی دەسكدار

книга

كتێب

ковдра

پەتوو، بەتانی

прикраса

ڕازاندنەوە

дрова

داری سووتاندن

фільм

فیلم

стереосистема

ستێریۆ

ключ

کلیل

газета

ڕۆژنامە

картина

نیگار، نیگارکێشان

плакат

پۆستەر

радіо

ڕادیۆ

блокнот

تێبینوس

пилосос

گسکی کارەبایی

кактус

کاکتووس

свічка

مۆم

кухня

چێشتخانە

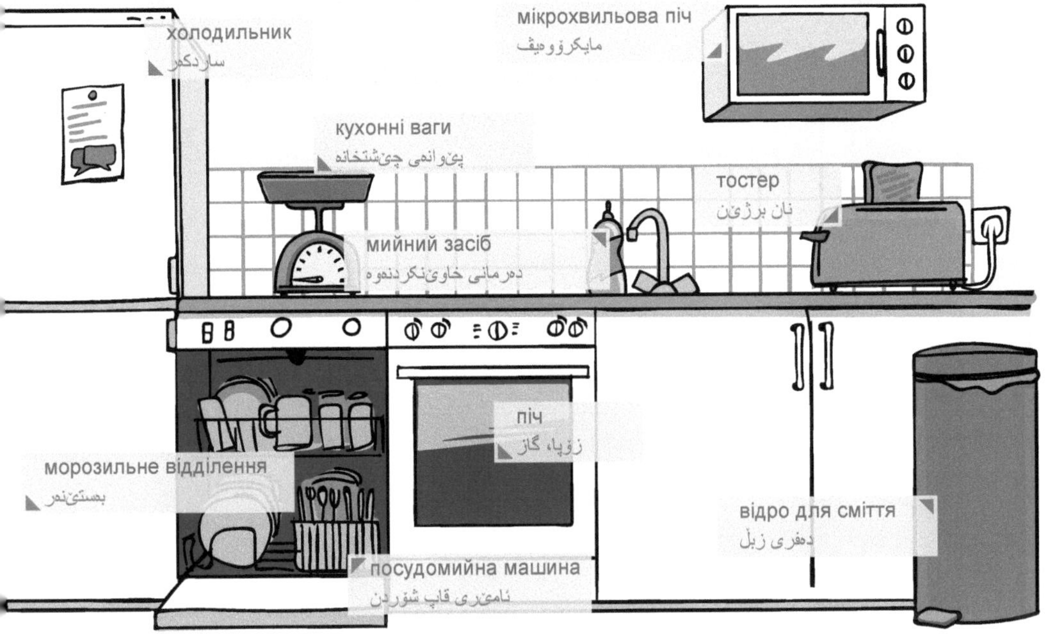

холодильник
ساردکەر
мікрохвильова піч
مایکرۆوەیڤ
кухонні ваги
پێوانەی چێشتخانە
тостер
نان برژێن
мийний засіб
دەرمانی خاوێنکردنەوە
піч
زۆپا، گاز
морозильне відділення
بەستێنەر
відро для сміття
دەفری زبڵ
посудомийна машина
ئامێری قاپ شۆردن

плита

چێشتلێنەر

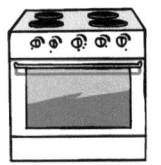

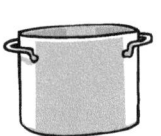

горщик

مەنجەڵ

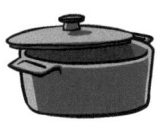

чавунний горщик

قاپی ئوتوو

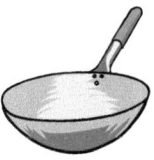

вок / кадай

تاوەی قووڵ

сковорода

تاوە

чайник

کتری، ئاوگەمکەر

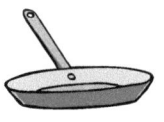

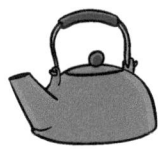

пароварка

چۈشتلئىنىرى ھەلمى

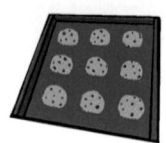

лист

كشمفى نانكردن

посуд

قاپ و قاچاغ

кухоль

كۆپ

чаша

قاپ

палички для їжі

چىلكدى نانخواردن

черпак

ئەسسكوى

лопатка

كموگىر

вінчик для збивання

گسك

сито

سووزمە

сито

بىژنگ

терка

ئامىرى جنىنى پەنىر و سەوزە

ступка

دەستار

барбекю

برژاندن

багаття

ناگر

дошка

تەختەی وردکردن

качалка

تیرۆک

штопор

بورغی فلین

конзерва

قوتوو

відкривачка

قوتووکەرەوە

прихватки

دەسرەی مەنجەڵ

раковина

دەسشۆر

щітка

فڵچە

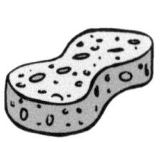

губка

ئیسفەنج

міксер

تێکەڵکەر

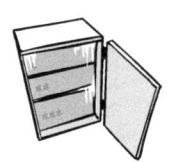

морозильна камера

قەرەسەی

дитяча пляшка

شووشە شیر

кран

شیری ناو

опалення
زۆرپا/گەرمكەر

душ
دووشى ئاو، خورژم

рушник
خاولى

пініста ванна
كەفى حەمام

душова завіса
پەرددى حەمام

ванна
حەوزى حەمام

склянка
لیوان، پەرداخ

пральна машина
ئامیرى دەفرشوتن

плитка
كاشى

кран
شیرى ئاو

горшок
ئاودەستى مندالان

раковина
دەستشۆر

туалет
ناودەست، تواليت

підлоговий туалет
تواليتى نزم، ناودەست

біде
جۆرینک تواليت

пісуар
تواليت، ناودەست

туалетний папір
كاغەزى ناودەستخانە

щітка для туалету
فلچمى ناودەستخانە

зубна щітка

فلچەى ددان

зубна паста

خەميرى ددان

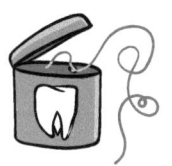

нитка для чищення зубів

بخنى ددان

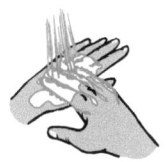

мити

شۆردن، شوتن

ручний душ

خورژمى دەستى

інтимний душ

دووش

таз

كاسەى دەستوچاوشوتن

щітка для спини

فلچەى پشت

мило

سابوون

гель для душу

جێڵەى خۆشوتن

шампунь

شامپو

мочалка

فلانێڵ

водостік

ناوەرۆ

крем

كرێم

дезодорант

بۆنخۆشكەرە

дзеркало

ناوێنه

косметичне дзеркало

ناوێنهی دهستی

бритва

ممکینهی ڕیش تاشین

піна для гоління

سابوونی ڕیش تاشین

лосьйон після гоління

کرێمی دوای ڕیش تاشین

гребінь

شانه

щітка

فڵچه

фен

سهرشوار، سهرنیشکهرهوه

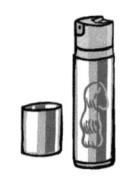

лак для волосся

سپرهی قژ

косметика

سووراوسپیاو

губна помада

سوراو

лак для нігтів

ڕهنگی نینۆک

вата

لۆکه

ножиці для нігтів

مهقهستی نینۆک

парфум

عهتر

косметичка

كيسمى حمام

табурет

كورسى بێ پشت

ваги

پێوەر

халат

خاولى حمام

гумові рукавички

دستموانەی چەرم

тампон

تامپۆن

гігієнічні прокладки

خاولى خاوێنکردنەوه

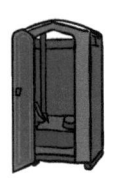

біотуалет

ئاودەستى كيميايى

дитяча кімната

ژووری منداڵ

будильник
سەعاتی زەنگدار
м'яка іграшка
گەمەی شیرن
іграшковий автомобіль
ماشێنی یاری
брязкальце
شەقشەقەی منداڵ
ляльковий будиночок
خانووی بووکەشووشە
подарунок
دیاری

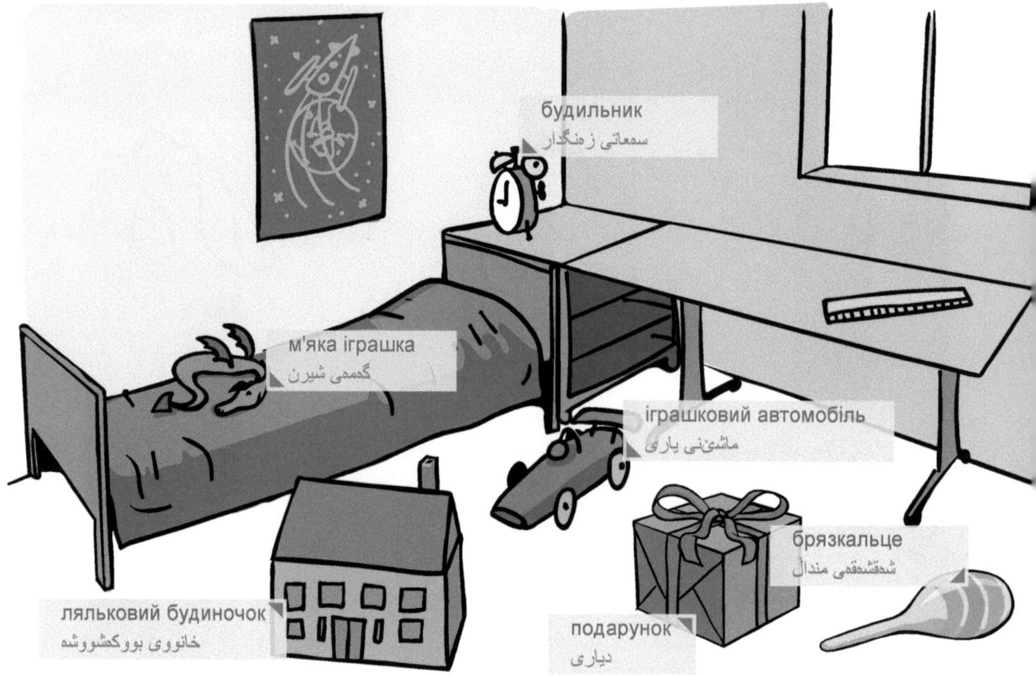

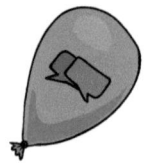

повітряна кулька

باڵۆن

ліжко

پێخەف، نوێن

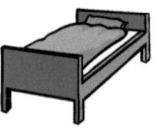

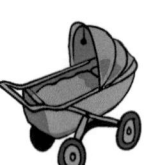

дитячий візок

داشقەی منداڵ

картярська гра

گەمەی کارت

пазл

مەتەڵ، مەتەڵۆک

комікс

کۆمێدی

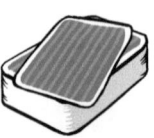

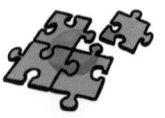

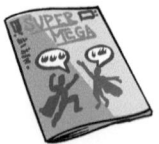

лего цеглинки

خشتی لێگۆ

блоки

خشتی یاری

іграшкова фігурка

بووکه شوشه

повзунки

جلی مندال

фризбі

یاری فریزبی

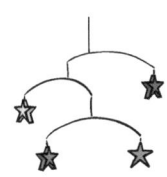

мобіле

بزۆک، جوولێنراو

настільна гра

یاری تهخته

кубик

مۆره

модель залізнична станція

مۆدێلی شهمهندهفهر

соска

مهمکه مژه

вечірка

میوانی، جهژن

книжка з картинками

کتێبی وێنهدار

м'яч

تۆپ

лялька

بووکهشوشه

грати

کایه کردن، یاری کردن

пісочниця

قورتی خیزروخۆڵ

гойдалка

جۆلانه

іграшка

كايەی مندالْان، یاری مندالْان

гральна консоль

گەممی ویدیۆیی

триколісний велосипед

سێچەرخە

плюшевий мішка

ورچی یاری

шафа

كەنتۆر

ОДЯГ

جلوبەرگ

шкарпетки

گۆرەوی

панчохи

گۆرەوی درێژ

колготки

گۆرەوی درێژ

шарф
شال، مل

парасоля
چتر

футболка
كراس

ремінь
قايش، پشتين

чоботи
چمكمه، بوتين

домашнє взуття
پيزلاوى مل

кросівки
پيزلاو

сандалі
پاپوچ

взуття
كدوش، پيزلاو

гумові чоботи
چمكمدى چرم

труси
پانتۆلى ژئردوه

бюстгальтер
ستيان، سوخمه

нижня сорочка
جليسقه

боді

جسته، لەش

штани

پانتۆڵ

джинси

پانتۆڵ

спідниця

دامەن، تەنووره

блузка

كراس

сорочка

كراس

пуловер

بلووز

светр

بلووز

піджак

چاكمت

куртка

چاكمت

пальто

بالتە

дощовик

بارانی

костюм

پۆشاك

сукня

كراسی ژنانە

весільна сукня

جلی زەماوەند

костюм

چاکەت و پانتۆڵ

нічна сорочка

جلی خەو

піжама

جلی خەو

сарі

ساری

головна хустка

لەچکە

чалма

جەمەدانە، سەرپێچ

бурка

بۆرکا

кафтан

کەفتان

абая

عەبا

купальник

جل و بەرگی مەلەکردن

плавки

پانتۆڵی مەلە

шорти

پانتۆڵی کورت

тренувальний костюм

جلوبەرگی ڕاهێنان

фартух

بەروانکە، بەرکوشە

рукавички

دەستەوانە

гудзик

دوگمه

окуляри

چاویلکه

браслет

بازنه

ланцюг

ملوانکه

кільце

نمنگوستيله

сережка

گواره

шапка

کڵاو

плічка

داری جل هەڵواسين

капелюх

کڵاو

краватка

بۆينباخ

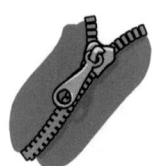

застібка-блискавка

زيپ

шолом

کڵاوی پارێزەر

підтяжки

هەڵگر

шкільна форма

جلی قوتابخانه

уніформа

يمكپۆش

нагрудник

بەرلىكە، بەركۆشى مندال

соска

مەمكە مژە

підгузок

دايبى، پەرؤشۆر

офіс

نووسينگە، فەرمانگە

شاف для документів
دۆلاپى بەلگە

сервер
رِاژە

принтер
چاپكەر

монітор
مۆنيتۆر، پيشانگەر

папір
كاغەز

миша
ماوس

письмовий стіл
ميزى نووسين

папка
بۆخچە

синтезатор
تەختەكليل

кошик для паперу
سەبەتەى كاغەز

комп'ютер
كۆمپيوتەر

стілець
كورسى

кавовий кухоль

كۆپى قاوە

калькулятор

ژمێرەر

інтернет

ئينتەرنێت

ноутбук

لهپتوپ

лист

نامه

повідомлення

پەیام

мобільний телефон

موبایل، تەلەفۆنى دەست

мережа

تۆڕ

копіювальний пристрій

ئامێرى لەبەرگرتنەوە، کۆپیکەر

програмне забезпечення

نەرمەکالا

телефон

تەلەفۆن

розетка

ساکێتى دووشاخە

факс

ئامێرى فەمکس

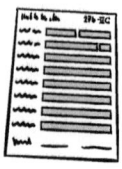

бланк

فۆرم

документ

بەلگە

купувати

كرين

платити

پارەدان

торгувати

بازرگانى، ئالوگۆركردن

гроші

پارە، دراو

долар

دۆلار

євро

يورۆ

ієна

يەن

рубль

روبلى رووسى

франк

فرانكى سويسى

юанів женьміньбі

يوان، يەكەى دراوى چينى

рупія

رووپييە

банкомат

مەكينەى پارە

обмінний пункт

وراو هۆمەنگیریۆگ گینیسووون

золото

زێڕ

срібло

زیو

нафта

نهوت

енергія

وزه

ціна

نرخ ،بهها

контракт

ریکهوتننامه

податок

باج

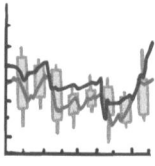

акція

سههام

працювати

كاركردن

працівник

كارمهند، كاركهر

роботодавець

خاوهنكار

фабрика

كارخانه

магазин

دووكان

професії

ئیشەکان

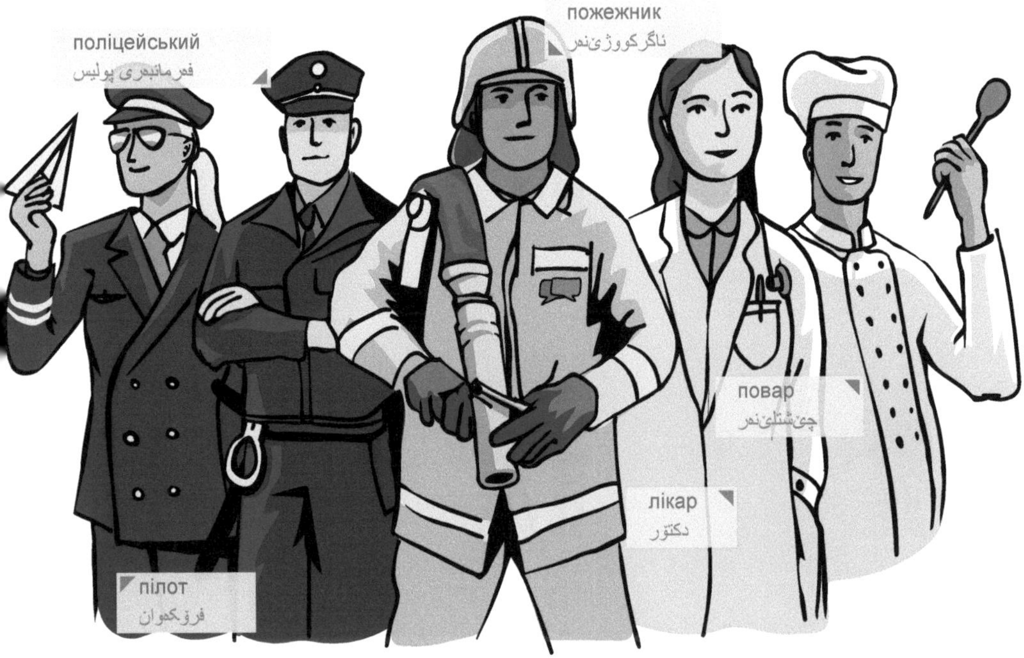

поліцейський
فەرمانبەری پولیس
пожежник
ئاگرکووژێنەر
повар
چێشتلێنەر
лікар
دکتۆر
пілот
فرۆکەوان

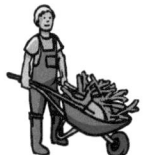

садівник

باخەوان

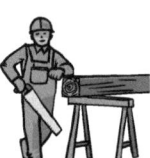

столяр

دارتاش، مەرەنگوێز

швачка

خەییات

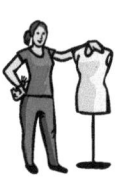

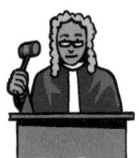

суддя

دادوەر

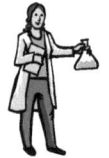

хімік

کیمیازان

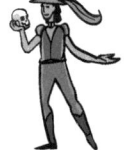

актор

شانۆگەر، شانۆکار

водій автобуса

شۇفيرى پاس

таксист

شۇفير تاكسى

рибалка

ماسىگىر

прибиральниця

كۆلفەت

покрівельник

ۇستاى سەربان

офіціант

خزمەتكار

мисливець

راوچى

художник

بۆياخچى

пекар

نانكەر

електрик

كارەباچى

будівельник

بەننا

інженер

ئەندازيار

забійник

قەساب

бляхар

ۇستاى بۆرى

листоноша

پۆستەچى

солдат

سەرباز

архітектор

نەخشەکێش

касир

ژمێریار ، خەزەندار

флорист

گوڵفرۆش

перукар

ئارایشگەر

кондуктор

گەیینەر

механік

میکانیک

капітан

کەشتیوان

дантист

ددانساز ، دوکتۆری ددان

вчений

زانا

рабин

مەڵای جوولەکان

імам

ئیمام

монах

کەسی ئایینی

пастор

قەشە

інструменти

ئامراز و کەرەستە

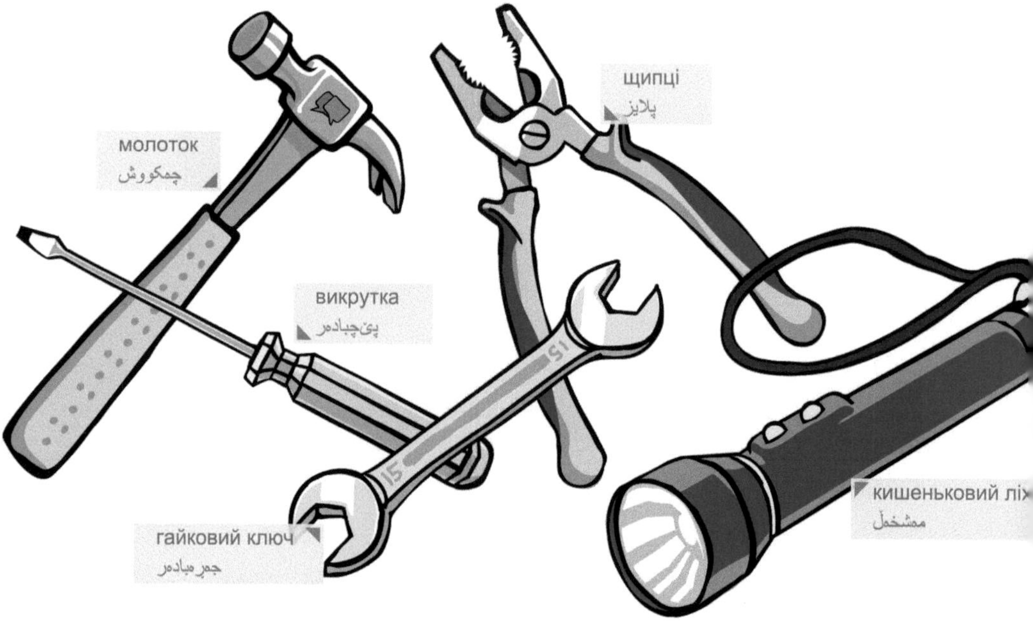
щипці
پلایز
молоток
چەکووش
викрутка
پێچبادەر
кишеньковий ліх
مەشخەڵ
гайковий ключ
جەرەبادەر

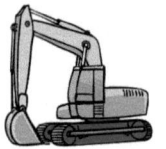

екскаватор

شۆفڵ

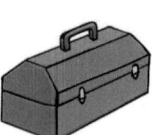

ящик для інструментів

سندووقی ئامراز

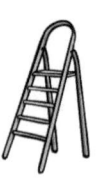

драбина

پەیژە

пилка

مشار

цвяхи

بزمارەکان

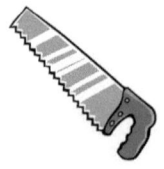

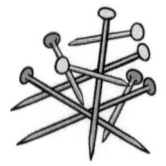

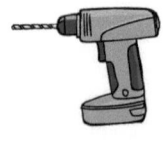

свердло

کونکەرە

ремонтувати

چاککردنهوه

лопата

پۆنمدره

лайно!

نهفرهت!

совок

خاکمناز

відро з фарбою

قتووى بۆياخ

гвинти

پێچمکان، جمرهمکان

музичні інструменти

ئامێرهکانى مووزیک

ударна установка
تافمى تهبل

динамік
قسمکهر، بلندگۆ

гітара
گیتار

контрабас
جۆرى گیتار

труба
زورنا

фортепіано

پیانۆ

скрипка

كەمانچە

бас

گیتار

литаври

دەهۆڵ

барабан

تەبڵ

клавіатура

تەختەکلیل

саксофон

ساکسافۆن

флейта

فلووت، شمشاڵ

мікрофон

مایکرۆفۆن

музичні інструменти - ناوئرمکانی موۆزیک

зоопарк

باخچەی ئاژەڵان

тварини

ئاژەڵەکان

слон

فیل

кенгуру

کانگۆرۆ

носоріг

کەرکەدەن

горила

گۆریلا

ведмідь

ورچ

верблюд
....
وشتر

страус
....
وشترمریشک

лев
....
شێر

мавпа
....
مەیموون

фламінго
....
فلامینگۆ

папуга
....
توتی

білий ведмідь
....
ورچی جەمسەری

пінгвін
....
پەنگوین

акула
....
قرش، سەگەماسی

павич
....
تاووس

змія
....
مار

крокодил
....
تیمساح

працівник зоопарку
....
پاریزەری باخچەی ئاژەڵان

тюлень
....
سەگی دەریایی

ягуар
....
پڵینگ

поні

نەسپى قەزەم

леопард

پىشيلەى پلەينگى

гіпопотам

نەسپى ناوى

жираф

زەرافە

орел

ھەلۆ

кабан

بەرازى كەوى

риба

ماسى

черепаха

كىسەل

морж

والەراس، ناژەلەىكى دەريايى

лисиця

رەئوى

газель

ناسك

американський футбол
تۆپی‌پێی ئەمریکی

їзда на велосипеді
دووچەرخەی‌خورین

теніс
تێنیس

баскетбол
تۆپی باسکە

плавання
مەلەکردن

бокс
بۆکسین

хокей
هۆکی سەر سەهۆڵ

футбол
فووتبۆڵ

бадмінтон
بەدمینتۆن

легка атлетика
وەرزشوان

гандбол
هەندبال

лижні перегони
خلیسکێن

поло
پۆلۆ

смiятися
پێکەنین

стрибати
بازکردن

обiймати
لەباوەشگرتن، لەئامێزگرتن

йти
بەڕێدارۆیشتن، پیاسەکردن

спiвати
گۆرانی خوێندن

мрiяти
خەون دیتن، خەون بینین

молитися
پارانەوە، نوێژکردن

цiлувати
ماچکردن

писати

نووسین

малювати

وێنەکێشان

показувати

نیشاندان

тиснути

پاڵ پێوەنان

давати

دان

брати

هەڵگرتن

мати

همبوون

робити

كردن

бути

بوون

стояти

راوهستان

бігати

هەڵاتن

тягнути

كێشان

кидати

هاویشتن

падати

كەوتن

лежати

درۆكردن

очікувати

چاوەڕێبوون

носити

هەڵگرتن

сидіти

دانیشتن

одягати

جل لەبەركردن

спати

خەوتن

просипатися

لەخەوهەستان

дивитися

چاولئنكردن

плакати

گريان

гладити

جمڵتملتىدان

розчісувати

قژداهىنان، شانەمكردن

розмовляти

قسەمكردن

розуміти

تىنگەيشتن

питати

پرسياركردن، پرسين

слухати

گوئراگرتن

пити

خواردنەوه

їсти

خواردن

прибирати

رێكوپێك كردن

любити

خۆشويستن

варити

چێش لئنان

їхати

شۆفێرىكردن

літати

فرين

йти під вітрилом

كەشتیوانی

рахувати

حساب‌کردن، ژماردن

читати

خوێندنەوه

вчитися

فێربوون

працювати

کارکردن

одружуватися

زەماوەندکردن

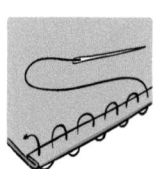

шити

دورین، دورومانکردن

чистити зуби

فڵچه لەددان دان

убивати

کوشتن

курити

جگەرەمکێشان

посилати

ناردن

бабуся
دایکگەوره

дідуся
باوکگەوره

батько
باوک، باب

мати
دایک

немовля
مندالّی ساوا

донька
کچ

син
کور

гість

میوان

тітка

پوور

дядько

مام، خالْ

брат

برا

сестра

خوشک

тіло

جەستە، لەش

чоло
ناوچاوان، تویَڵ
око
چاو
плече
شان
палець
قامک
обличчя
دەموچاو، ڕوومەت
підборіддя
چەنە
кисть
دەست
груди
سنگ
нога
لاق
рука
باسک، قۆڵ

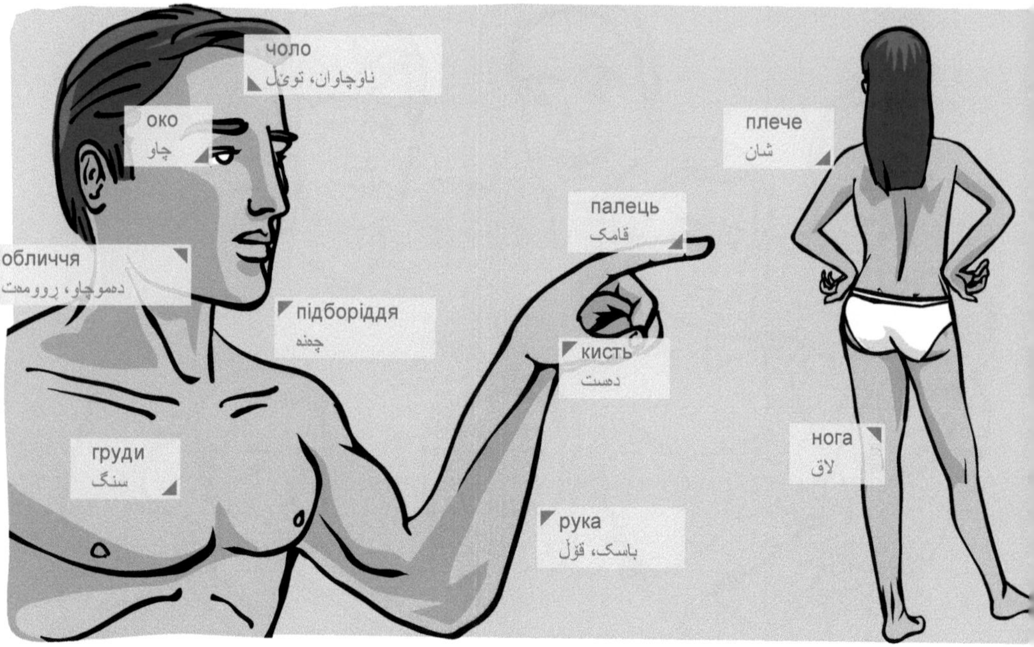

немовля

منداڵی ساوا

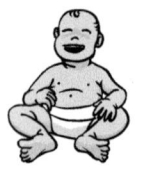

чоловік

پیاو

жінка

ژن

дівчина

کچ

хлопчик

کوڕ

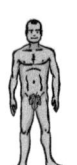

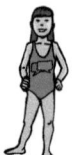

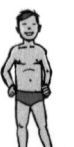

голова

سەر

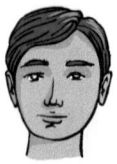

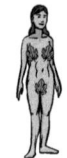

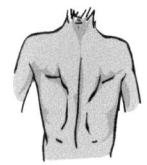

спина

پشت

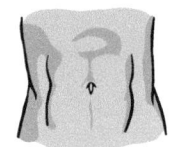

живіт

زگ

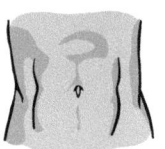

пуп

ناوک

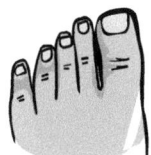

палець ноги

قامکی پئ

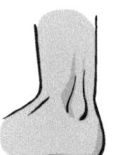

п'ята

پاژنهی پئ

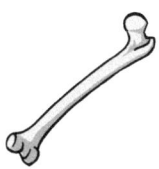

кістка

ئێسقان، ئێسک

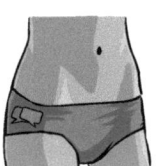

стегно

سمت

коліно

نۆژنۆ

лікоть

نانیشک

ніс

لووت

сідниці

قوون

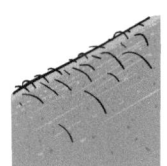

шкіра

پوست

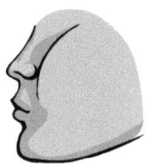

щока

گۆنا

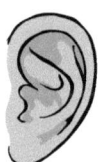

вухо

گوئ

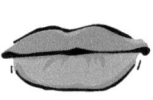

губа

لێو

рот

دمم، زار

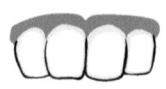

зуб

ددان

язик

زمان

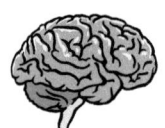

мозок

مێشک

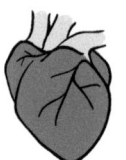

серце

دڵ

м'яз

ماسوولکه

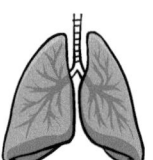

легені

سییهلاک، سی

печінка

جهرگ

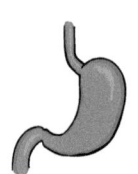

шлунок

گهده

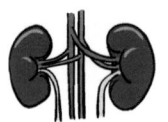

нирки

گورچیله

статевий акт

سێکس

презерватив

کۆندۆم

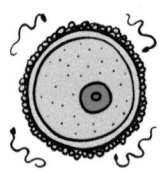

яйцеклітина

توو، هێلکه

сперма

تۆو

вагітність

دووگیانی

جهسته، لهش - тіло

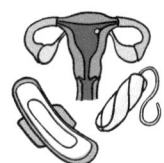

менструація

كەوتنە سەر خوێن

вагіна

زێ

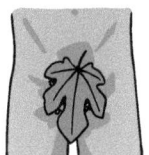

пеніс

كێر

брова

برۆ

волосся

قژ

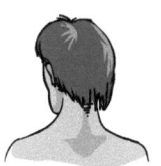

шия

مل

лікарня

نەخۆشخانە، خەستەخانە

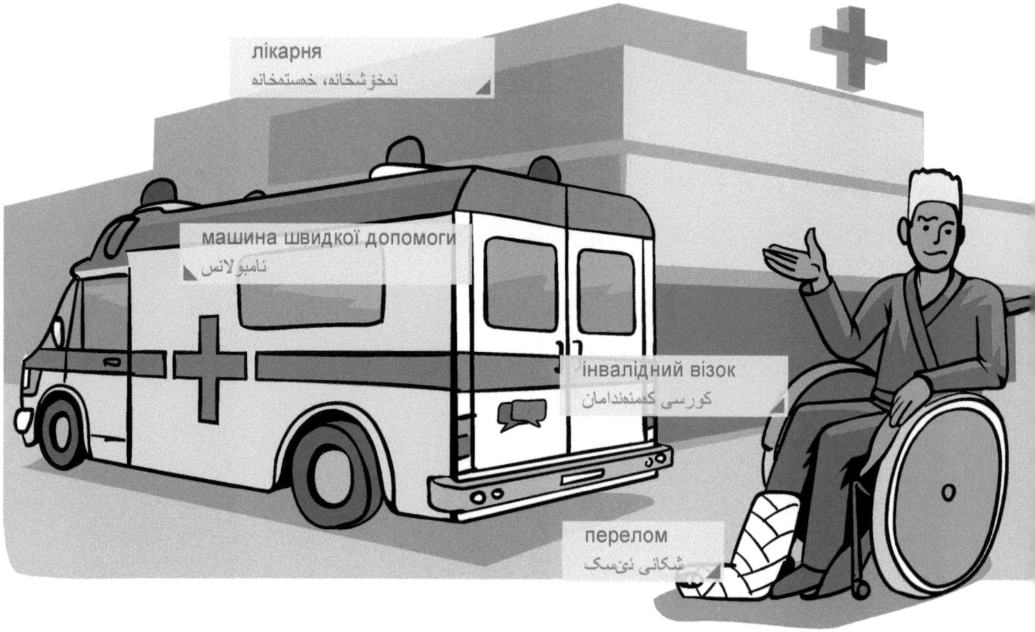

лікарня
نەخۆشخانە، خەستەخانە
машина швидкої допомоги
ئامبولانس
інвалідний візок
کورسی کەمئەندامان
перелом
شکانی ئێسک

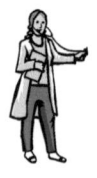

лікар

دکتۆر

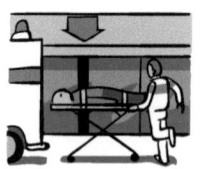

відділення швидкої медичної допомоги

ژووری فریاکەوتن

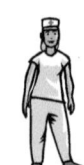

медсестра

نەخۆشوان

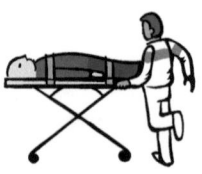

аварійний випадок

ئورژانس، بەشی فریاکەوتن

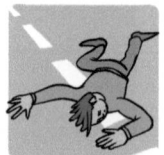

непритомний

بێهۆش

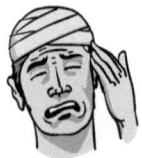

біль

ژان، ئێش

травма

برینداری

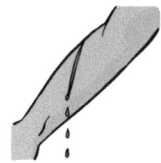

кровотеча

خوێنڕێژی

інфаркт

جەڵتەی دڵ

інсульт

جەڵتە

алергія

ئالێرژی، هەستیاری

кашель

کۆخە

лихоманка

تا

грип

ئەنفلۆنزا

пронос

زگچوون

головна біль

سەرێشە، ژانەسەر

рак

سەرەتان

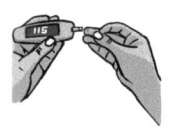

діабет

شەکرە

хірург

نەشتەرگەر

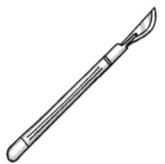

скальпель

نەشتەر، چەقۆی نەشتەرگەری

операція

نەشتەرگەری

КТ

CT

تیشکی نۆنكس

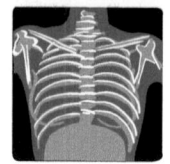

рентген

تیشكی نۆنكس

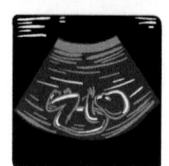

ультразвук

نۆلترا ساوند

маска

ماسكی روومهت

хвороба

نهخۆشی

зал очікування

ژووری چاوهرێبوون

милиця

گۆچان

пластир

مشهما

пов'язка

برین پێچ

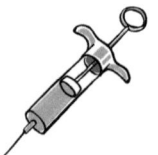

ін'єкція

دهرزی لێدان

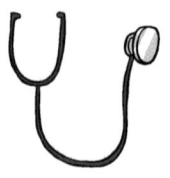

стетоскоп

بیستۆكی پزیشك

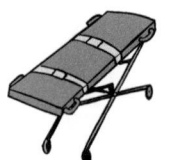

ноші

داربهست

термометр

گهرماپێوی كلینیكی

народження

لهدایكبوون

надмірна вага

زیادهكێشی/قهڵهویی

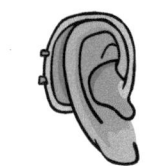

слуховий апарат

بیستوک

дезінфікуючий засіб

میکروب‌کوژ

інфекція

چڵک

вірус

ویروس

ВІЛ / СНІД

ئەیدز

медицина

دەرمان

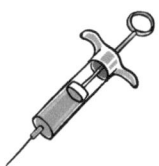

вакцинація

کوتان

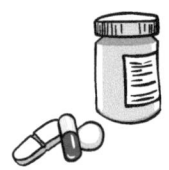

таблетки

حەب

протизаплідна пігулка

حەب

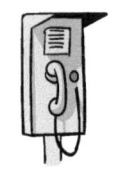

екстрений виклик

تەلەفۆنی فریاکەوتن

тонометр

پێشانگەری پەستانی خوێن

хворий / здоровий

نەخۆش / ساڵامەت

Допоможіть!

....

يارمەتى!

сигнал тривоги

....

ناگاداركردنەوە، ئەلارم

напад

....

دەستدرێژى

атака

....

ھێرشكردن

небезпека

....

مەترسى

аварійний вихід

....

چوونەدەرەومودى ئورژانس

Вогонь!

....

ناگر!

вогнегасник

....

ناگركوژئەنەوه

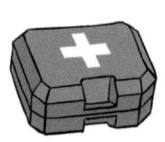

аварія

....

رووداو، پێشھات

аптечка

....

قوتووى يارمەتى فرياكەوتن

СОС

SOS

поліція

....

پۆليس

Європа

ئەورۆپا

Північна Америка

ئەمریکای باکوور

Південна Америка

ئەمریکاری باشوور

Африка

ئافریقا

Азія

ئاسیا

Австралія

ئوسترالیا

Атлантика

ئەتڵەسی، ئۆقیانووسی ئەتڵەسی

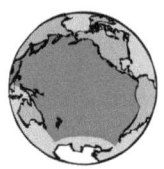

Тихий океан

زەریای هێمن

Індійський океан

ئۆقیانووسی هیندی

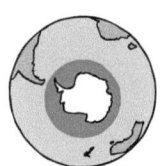

Антарктичний океан

ئۆقیانووسی جەمسەری باشوور

Північний Льодовитий океан

ئۆقیانووسی جەمسەری باکوور

Північний полюс

جەمسەری باکوور

Південний полюс

جەمسەرى باشوور

Антарктика

ناوچمى جەمسەرى باشوور

Земля

نەرز، زەوى

суша

خاک، وشکانى

море

دەريا، زەريا

острів

دوورگە

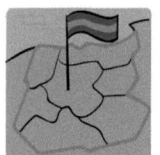

нація

گەل، نەتەوە

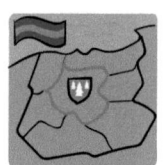

держава

وڵات، پارێزگا، دەوڵەت

циферблат

روخساری کاتژمێر

годинникова стрілка

نیشاندەری کاتژمێر

хвилинна стрілка

نیشاندەری خولەک

секундна стрілка

دەستی دوو

Котра година?

کاتژمێر چەندە؟، سەعات چەندە؟

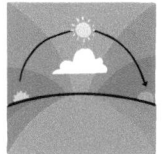

день

ڕۆژ

час

کات، زەمان

зараз

نۆستا، هەنووکە

цифровий годинник

کاتژمێری دیجیتاڵی

хвилина

خولەک

година

کاتژمێر

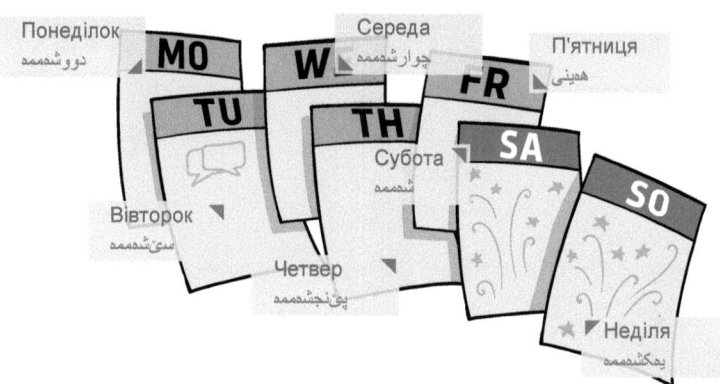

Понеділок دووشەممە

Середа چوارشەممە

П'ятниця هەینی

Вівторок سێشەممە

Четвер پێنجشەممە

Субота شەممە

Неділя یەکشەممە

вчора

دوێنێ

сьогодні

ئەمرۆ، ئەمڕۆ

завтра

سبەینێ

ранок

بەیانی

опівдні

نیوەڕۆ

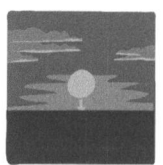

вечір

ئێوارە

робочі дні

رۆژی کار

кінець робочого тижня

کۆتایی هەفتە

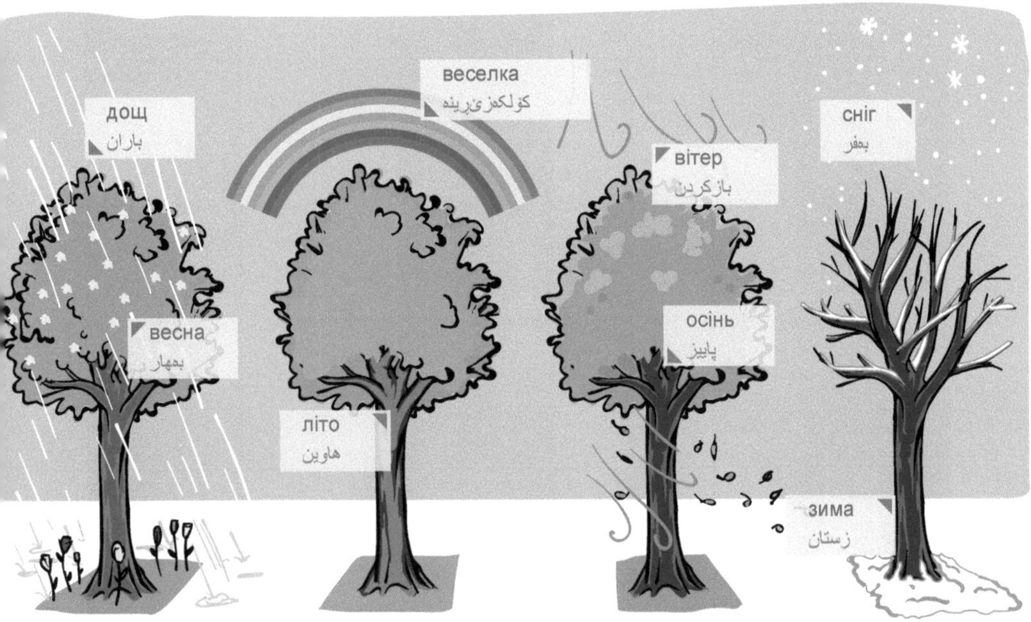

дощ
باران
веселка
کۆلکەزێڕینە
сніг
بەفر
вітер
بازکردن
весна
بەهار
літо
هاوین
осінь
پاییز
зима
زستان

4.APRIL 11°
5.APRIL 4°
6.APRIL 13°
7.APRIL 8°
8.APRIL 10°

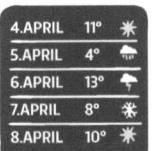

прогноз погоди

پێشبینی هەوا

F
C
120
90
60
30
0
-30
40
30
20
10
0
-10
-20

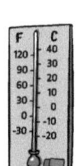

термометр

گەرماپێو

сонячне світло

خۆرەتاو

хмара

هەور

туман

تەمومژ

вологість повітря

تەڕایی

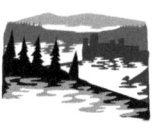

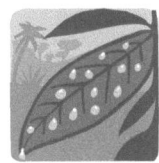

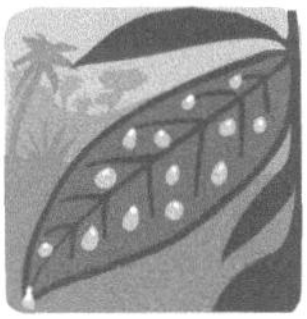

блискавка

هەورەتریشقە، بروسكە

грім

هەورەگرمە

шторм

باوبۆران، تۆفان

град

تەرزە

мусон

مانسوون

повінь

لافاو

лід

سەهۆڵ

Січень

جانیومەری

Лютий

فیبریوەری

Березень

مارچ

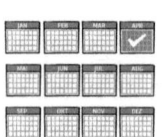

Квітень

ئەپریل

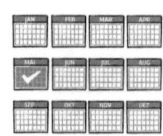

Травень

مەی

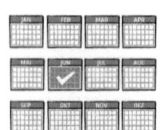

Червень

جوون

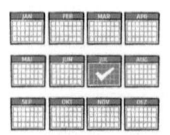

Липень

جوولای

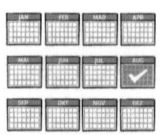

Серпень

ئۆگۆست

Вересень

سێپتەمبەر

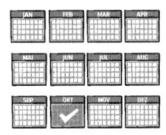

Жовтень

ئۆکتۆبەر

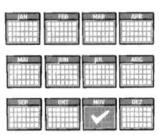

Листопад

نۆڤەمبەر

Грудень

دێسەمبەر

форми

شێوەو مەکان

круг

بازنە

квадрат

چوارگۆشە

прямокутник

چوارگۆشەی درێژ

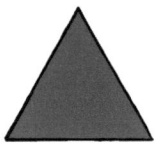

трикутник

سێ گۆشە

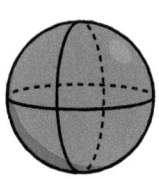

куля

تۆپ، گۆ

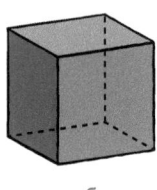

куб

خشتەک

білий

سپی

жовтий

زەرد

помаранчевий

پرتەقاڵیی

рожевий

پەمەیی

червоний

سوور

фіолетовий

بنەوش

синій

شین

зелений

سەوز

коричневий

قاوەیی

сірий

بۆر

чорний

رەش

багато / мало

زۆر / كەم

лютий / мирний

تووڕە / لەسەرخۆ

гарний / бридкий

جوان / ناخحز

початок / кінець

سەرەتا / كۆتایی

великий / малий

گەورە / چكۆلە

світлий / темний

ڕووناک / تاریک

брат / сестра

برا / خوشك

чистий / брудний

خاوێن / چڵكن

завершений / незавершений

تەواو / ناتەواو

день / ніч

ڕۆژ / شەو

мертвий / живий

مردوو / زیندوو

широкий / вузький

پان / تەنگ

їстівний / неїстівний

خۆش / ناخۆش

злий / дружній

نەمگریس / بەبەزمەیی

збуджений / нудьгуючий

وروژاو / بێزار

товстий / тонкий

قەڵەو / لاواز

спочатку / востаннє

یەکەم / ناخر

друг / ворог

دۆست / دوژمن

повний / порожній

پڕ / خاڵی

жорсткий / м'який

ڕەق / نەرم

важкий / легкий

قورس / سووک

голод / спрага

برسی / توونی

хворий / здоровий

نەخۆش / سڵامەت

незаконний / законний

نایاسایی / یاسایی

розумний / дурний

زیرەک / گەمژە

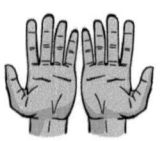

вліво / вправо

چەپ / ڕاست

поруч / далеко

نزیک / دوور

новий / використаний

نوی / کۆن، بەکارهاتوو

нічого / щось

هیچ شتێنک / شتێنک

старий / молодий

پیر / لاو

вкл / викл

هەڵکراو / کوژاوه

відкрито / закрито

کراوه / داخراو

тихо / гучно

بێدەنگ / دەنگی بەرز

багатий / бідний

دەوڵەمەند / هەژار

правильно / неправильно

راست / هەڵه

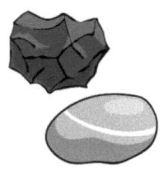

шорсткий / гладкий

زبر / ساف

сумний / щасливий

خەمین / خۆشحاڵ

короткий / довгий

کورت / درێژ

повільно / швидко

هێواش / خێرا

вологий / сухий

تەڕ / وشک

гарячий / холодний

گەرم / فێنک

війна / мир

شەڕ / ئاشتی

0

нуль

سیفر

1

один

یەک

2

два

دوو

3

три

سێ

4

чотири

چوار

5

п'ять

پێنج

6

шість

شەش

7

сім

حەوت

8

вісім

هەشت

9

дев'ять

نۆ

10

десять

دە

11

одинадцять

یازده

12

дванадцять

دوازده

13

тринадцять

سیزده

14

чотирнадцять

چوازده

15

п'ятнадцять

پازده ، پانزه

16

шістнадцять

شازده

17

сімнадцять

حفده

18

вісімнадцять

هژده

19

дев'ятнадцять

نوزده

20

двадцять

بیست

100

сто

سد

1.000

тисяча

هزار

1.000.000

мільйон

میلیون

англійська

نینگلیزی

американська англійська

نینگلیزی ئەمەریکی

китайська
високочиновницька

چینی ماندارین

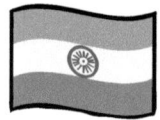

хінді

هیندی

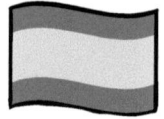

іспанська

نیسپانی

французька

فەرەنسی

арабська

عەرەبی

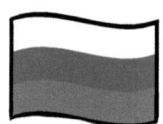

російська

رووسی

португальська

پۆرتوگالی

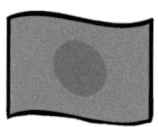

бенгальська

بەنگالی

німецька

ئاڵمانی

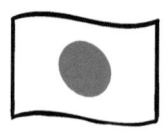

японська

ژاپۆنی

я

من

ти

تۆ

♂ ♀ ○

він / вона / воно

ئەو

ми

ئێمە

ви

ئێوه

вони

ئەوان

хто?

کێ؟

що?

چی؟

як?

چۆن؟

де?

لەکوێ؟

коли?

کەنگێ؟ کەی؟

ім'я

ناو

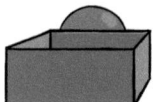

ззаду

لەپشت

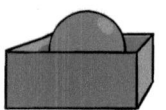

в

لە

перед

لەپێش

над

سەرێ

на

لەسەر

під

ژێر

біля

لە تەنیشت

між

لەنێوان

місце

شوێن، جێ